Charikleia and I dedicate this book to each othe
but like the cousins in the story, we live in differ

Copyright © 2020 Elisavet Arkolaki, Charikle

Translated into Danish by Mie Hansso. ..
All rights reserved.

No part of this work may be reproduced, stored in a retrieval system, or submitted in any form or by any means, electronic, mechanical, photocopying, recording or otherwise, without the prior written permission of the publisher, except in the case of brief quotations embodied in critical reviews and certain other non-commercial uses permitted by copyright law. This book may not be lent, resold, hired out or otherwise disposed of by way of trade in any form of binding or cover other than that in which it is published, without the prior written consent of the publisher. Custom editions can be created for special purposes.

For permission requests and supplementary teaching material, please write to the publisher at liza@maltamum.com www.maltamum.com

ISBN 9798730619197

My cousin and I look alike. My aunt and uncle say we look like siblings. My mommy and daddy say we look like siblings. My grandma and grandpa, the whole family, even our friends, say we look like siblings. More like twin sisters actually, like our mothers did when they were children.

Min kusine og jeg ligner hinanden. Min tante og onkel siger, at vi ligner søskende. Min mor og far siger, at vi ligner søskende. Min bedstefar og bedstemor, hele familien, selv vores venner, siger, at vi ligner søskende. Faktisk mere, at vi ligner tvillinger, ligesom vores mødre, da de var børn.

When we were little, we lived next door to each other. To see her, all I had to do was cross the tall grass in front of our house, open the gate and enter her garden. We met every day and played all sorts of games. She was my neighbor and best friend. But then she moved.

Da vi var små boede vi ved siden af hinanden. Det eneste jeg skulle gøre, når jeg ville se hende, var at krydse det høje græs foran vores hus, åbne havelågen, og gå ind i haven. Vi mødtes hver dag og legede alle mulige lege. Hun var min nabo og min bedste ven. Men så flyttede hun.

Now she lives in a faraway land, and I miss her so much. Mommy said to try and find something positive no matter the circumstances. There's always something to be grateful for. And so I did. My cousin and I are very lucky. Despite the distance between us, we can still talk, play, and see each other often via video chat. We talk about everything!

Nu bor hun i et fremmed land, og jeg savner hende meget. Mor siger, at jeg skal prøve at se positivt, uanset omstændighederne. Der er altid noget, at være taknemmelig for. Og det gjorde jeg så. Min kusine og jeg er meget heldige. Selvom der er afstand imellem os, kan vi stadigvæk tale, lege, og se hinanden på videoopkald. Vi taler om alting!

The last time we met online, she told me that it's winter and very cold there. Everything is covered in snow. She snowboards, skis, and goes ice skating with her new friends.

Sidste gang vi mødtes online, der fortalte hun mig, at det er vinter, og meget koldt der hvor hun er. Alting er dækket af sne. Hun kører på snowboard og ski, og hun skøjter på is med sine nye venner.

I told her that it's summer and very hot here.

Jeg fortalte hende, at det er sommer, og meget varmt herhjemme.

I swim and snorkel every day with our old friends, and we watch the most beautiful fish underwater.

Jeg svømmer og snorkler hver dag med vores gamle venner, og under vandet ser vi de skønneste fisk.

Then, we spoke about animals.
She said mammals with fur white
as snow live in the
northern part of her country:
polar bears, arctic foxes, seals.

Og så talte vi om dyr. Hun sagde,
at pattedyr med pels så hvid som
sne lever i den nordiske del af
hendes land: isbjørne, polarræve,
og sæler.

I had hoped she would also talk about monkeys, but it turns out they don't live there at all!

Jeg havde håbet, at hun også ville tale om aber, men det viser sig, at de slet ikke lever der!

She also asked about her pet which stayed behind with me. I answered that her cat is in very good hands and gets lots of cuddles and kisses.

Hun spurgte mig også om sit kæledyr, som hun efterlod hos mig. Jeg svarede, at hendes kat er i meget gode hænder, og får mange kys og knus.

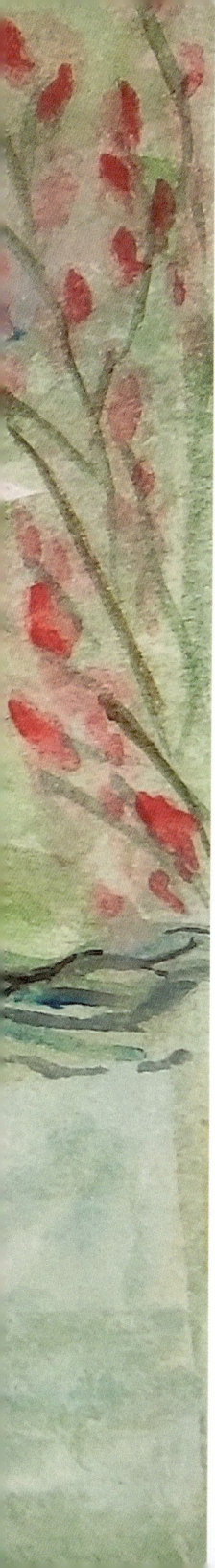

And I still go to the park on Sundays,
and feed the ducks we both love
so much.

Og jeg går stadigvæk i parken om
Søndagen, og fodrer ænderne, som
vi begge elsker højt.

Then, my cousin used some foreign words, and in an accent, I didn't recognize. I felt confused. She said she couldn't remember how to say "mountain", "rocks", and "river", and that she now talks more in her father's language.

Så sagde min kusine nogle fremmede ord, og i en accent, som jeg ikke kunne genkende. Jeg følte mig forvirret. Hun sagde, at hun ikke kunne huske hvordan man siger "bjerg", "sten", og "flod", og at hun nu taler mere i sin fars sprog.

She explained that sometimes it's hard for her to find the right words in our language. I told her I understand. I'm also learning another language at school, and it should be fun to compare words from our different languages.

Hun forklarede, at hun nogle gange synes, at det kan være svært, at finde de rigtige ord I vores sprog. Jeg fortalte hende, at jeg forstod. Jeg er også i gang med at lære et andet sprog i skolen, og det skal blive sjovt at sammenligne ord fra vores forskellige sprog.

That is how we came up with the "Word Swap" painting game. My cousin painted a cactus, and then both of us said the word out loud. "Cactus" sounds the same in all our languages!

Det var sådan, at vi kom op med maleri spillet "Ord Bytte". Min kusine malede en kaktus, og så sagde vi begge to ordet højt. "Kaktus" lyder ens på alle vores sprog!

Her parents overheard us and joined the conversation. My aunt is a linguist and she told us that there are currently over 7,000 known spoken languages around the world! My uncle is a language teacher and he challenged us to swap a couple more words. We kept on going for a while with words like "flower", "water", "love", and "friendship".

Hendes forældre overhørte os, og deltog i samtalen. Min tante er lingvist, og hun fortalte, at der i øjeblikket findes over 7000 talte sprog på jordkloden! Min onkel er sproglærer, og han udfordrede os til, at bytte nogle flere ord. Vi fortsatte for en stund med ord som "blomst", "vand", "kærlighed", og "venskab".

Next time we video chat, I will share this painting I made for her. I would like to swap the word "home".

Næste gang vi skal mødes på videoopkald, vil jeg dele et maleri, som jeg har lavet til hende. Jeg vil gerne bytte ordet "hjem".

Andrà tutto bene

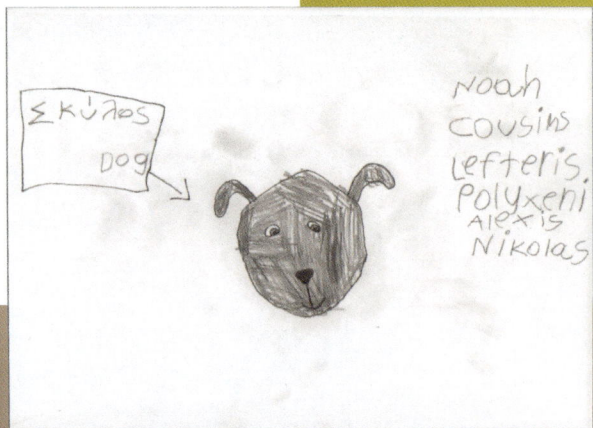

Σκύλος
Dog

Noah
cousins
Lefteris.
Polyxeni
Alexis
Nikolas

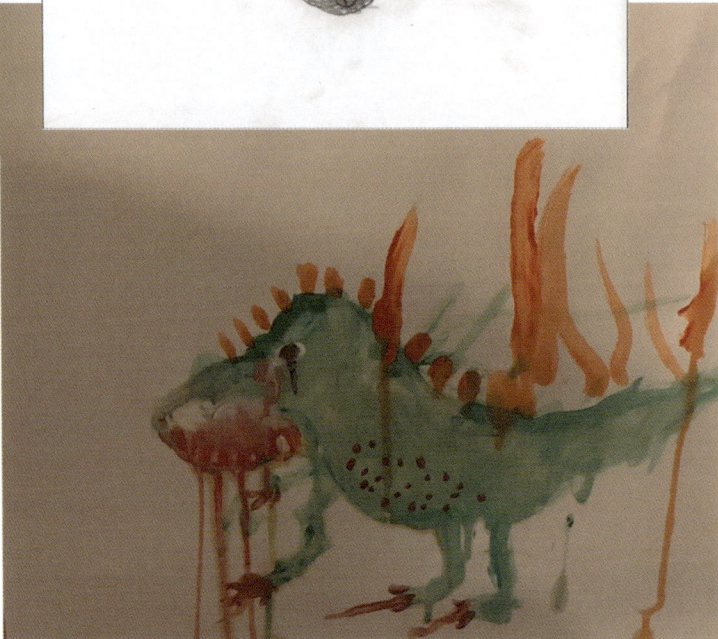

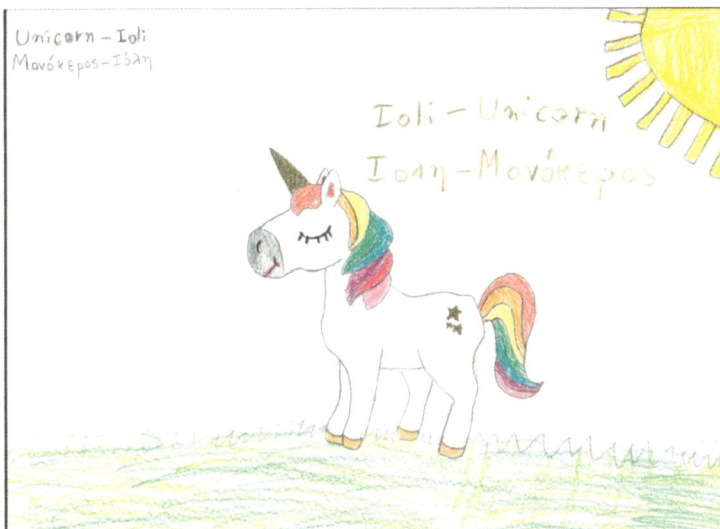

Unicorn – Ioli
Μονόκερος–Ιόλη

Ioli–Unicorn
Ιόλη–Μονόκερος

The Word Swap Game - Meet the children!

Erik, Nelly, Iason, Iria, Sadiq, Tariq, Vincent, Rukeiya, Lea, Hector, Victor, Orestis, Odysseas, Noah, Polyxeni, Lefteris, Alexis, Nikolas,Iahn, Chloe, Ioli, Rea, Nicolas, Sveva, Giuseppe, Zafiris, Dimitris, Periklis, Vaggelis, Andrea, Zaira, Philippos, Nefeli, Baby, George, Emmanuela, Mason, Ethan, Elijah, Oliver, Athina, Apolonas, Alexandros, John, Martina, Steffy, Thanos, Nikolai, Areti, Nikolai, Nina, Nicol, Joni, Mia, Emma, Stella, Artemis, Mirto, Antonis, Nicolas, Mihalis, Katerina, Nikos, Alexis, Liam, Olivia, Noah, William, Ava, Jacob, Isabella, Patricia, Hannah, Matthew, Ashley, Samantha, Maureen, Leanne, Kimberly, David, Marie, Vasilis, Yiannis, Kyra, Joakim, Alexander, Nikolas, Ellie, Sebastian, Sophie, Sabina, Stepan, Vasilis, Yiannis, Kyra, Youjin, Sejin, Okito, Magdalini, Nicoletta, Efimia, Didi, Bia, Timo, Vittoria.

Dear Child,

I hope you enjoyed this story. If you'd also like to play the "Word Swap" game, ask an adult to help you, if needed, to write down your favorite word, and then draw or paint it. Your guardian can send me your painting via email at liza@maltamum.com, and I'll share it with other parents and children in my Facebook group "Elisavet Arkolaki's Behind The Book Club".

Dear Grown-up,

If you feel this book adds value to children's lives, please leave an honest review on Amazon or Goodreads. A shout-out on social media and a tag #CousinsForeverWordSwap would also be nothing short of amazing. Your review will help others discover the book, and encourage me to keep on writing. Visit eepurl.com/dvnij9 for free activities, printables and more.

Forever grateful, thank you!

All my best,
Elisavet Arkolaki

Printed in Great Britain
by Amazon

61210650R00020